NOTA DOUTRINAL

SOBRE ALGUMAS QUESTÕES RELATIVAS À PARTICIPAÇÃO E COMPORTAMENTO DOS CATÓLICOS NA VIDA POLÍTICA

COLEÇÃO DOCUMENTOS DA IGREJA

1 – *A mensagem de Fátima* – Congregação para a Doutrina da Fé
2 – *Declaração Dominus Iesus sobre a unicidade e a universalidade salvífica de Jesus Cristo e da Igreja* – Congregação para a Doutrina da Fé
3 – *Instrução sobre as orações para alcançar de Deus a cura* – Congregação para a Doutrina da Fé
4 – *Família, matrimônio e "uniões de fato"* – Conselho Pontifício para a Família
5 – *A Igreja e as outras religiões: diálogo e missão* – Secretariado para os não-cristãos
6 – *Igreja e internet* – Pontifício Conselho para as Comunicações Sociais
7 – *Ética na internet* – Pontifício Conselho para as Comunicações Sociais
8 – *O povo judeu e as suas sagradas escrituras na Bíblia Cristã* – Pontifícia Comissão Bíblica
9 – *Partir de Cristo: um renovado compromisso da vida consagrada no terceiro milênio – Instrução* – Congregação para os Institutos de Vida Consagrada e as Sociedades de Vida Apostólica
10 – *O presbítero: pastor e guia da comunidade paroquial – Instrução* – Congregação para o Clero
11 – *Nota doutrinal sobre algumas questões relativas à participação e comportamento dos católicos na vida política* – Congregação para a Doutrina da Fé
12 – *Diretório sobre piedade popular e liturgia – Princípios e orientações* – Congregação para o Culto Divino e a Disciplina dos Sacramentos
13 – *Jesus Cristo, portador da água viva – Uma reflexão cristã sobre a Nova Era* – Pontifício Conselho da Cultura e Pontifício Conselho para o Diálogo Inter-religioso
14 – *Considerações sobre os projetos de reconhecimento legal das uniões entre pessoas homossexuais* – Congregação para a Doutrina da Fé
15 – *Instrução Erga Migrantes Caritas Christi – A caridade de Cristo para com os migrantes* – Pontifício Conselho da Pastoral para os Migrantes e os Itinerantes
16 – *Instrução Redemptionis Sacramentum sobre alguns aspectos que se deve observar e evitar acerca da Santíssima Eucaristia* – Congregação para o Culto Divino e a Disciplina dos Sacramentos
17 – *Carta aos bispos da Igreja Católica sobre a colaboração do homem e da mulher na Igreja e no mundo* – Congregação para a Doutrina da Fé
18 – *Ano da Eucaristia: sugestão e propostas* – Congregação para o Culto Divino e a Disciplina dos Sacramentos

CONGREGAÇÃO PARA A DOUTRINA DA FÉ

NOTA DOUTRINAL
SOBRE ALGUMAS QUESTÕES RELATIVAS À PARTICIPAÇÃO E COMPORTAMENTO DOS CATÓLICOS NA VIDA POLÍTICA

2ª edição – 2005

Nenhuma parte desta obra poderá ser reproduzida ou transmitida por qualquer forma e/ou quaisquer meios (eletrônico ou mecânico, incluindo fotocópia e gravação) ou arquivada em qualquer sistema ou banco de dados sem permissão escrita da Editora. Direitos reservados.

Paulinas
Rua Pedro de Toledo, 164
04039-000 – São Paulo – SP (Brasil)
Tel.: (11) 2125-3549 – Fax: (11) 2125-3548
http://www.paulinas.org.br – editora@paulinas.org.br
Telemarketing e SAC: 0800-7010081
© Pia Sociedade Filhas de São Paulo – São Paulo, 2003

A Congregação para a Doutrina da Fé, ouvido também o parecer do Pontifício Conselho para os Leigos, achou por bem publicar a presente "Nota doutrinal sobre algumas questões relativas à participação e comportamento dos católicos na vida política". A Nota é endereçada aos Bispos da Igreja Católica e, de modo especial, aos políticos católicos e a todos os fiéis leigos chamados a tomar parte na vida pública e política nas sociedades democráticas.

I. UM ENSINAMENTO CONSTANTE

1. O empenho do cristão no mundo em dois mil anos de história manifestou-se seguindo diversos percursos. Um deles concretizou-se através da participação na ação política: os cristãos, afirmava um escritor eclesiástico dos primeiros séculos, "participam na vida pública como cidadãos"[1]. A Igreja venera entre os seus Santos numerosos homens e mulheres que serviram a Deus por meio do seu generoso empenho nas atividades políticas e de governo. Entre eles, santo Tomás Moro, proclamado Padroeiro dos Governantes e dos Políticos, soube testemunhar até ao martírio a "digni-

---

[1] *Carta a Diogneto*, 5.5. Cf. também *Catecismo da Igreja Católica*, n. 2240.

dade inalienável da consciência"². Embora sujeito a diversas formas de pressão psicológica, negou-se a qualquer compromisso e, sem abandonar "a constante fidelidade à autoridade e às legítimas instituições" em que se distinguiu, afirmou com a sua vida e com a sua morte que "o homem não pode separar-se de Deus nem a política da moral"³.

As sociedades democráticas atuais, nas quais louvavelmente todos participam na gestão da coisa pública num clima de verdadeira liberdade⁴, exigem novas e mais amplas formas de participação na vida pública da parte dos cidadãos, cristãos e não cristãos. Todos podem, de fato, contribuir por meio do voto na eleição dos legisladores e dos governantes e, também de outras formas na definição das orientações políticas e das opções legislativas que, no seu entender, melhor promovam o bem comum⁵. Num sistema político democrático, a vida não poderia processar-se de maneira profícua sem o envolvimento ativo, res-

---

² João Paulo II, *Carta Apost. Motu Proprio dada para a proclamação de santo Tomás Moro, Padroeiro dos Governantes e dos Políticos*, n. 1, *AAS* 93 (2001) 76-80.

³ Idem, Ibidem, n. 4.

⁴ Cf. Concílio Vaticano II, Const. Past. *Gaudium et spes*, n. 31; *Catecismo da Igreja Católica*, n. 1915.

⁵ Concílio Vaticano II, Const. Past. *Gaudium et spes*, n. 75.

ponsável e generoso de todos, "mesmo na diversidade e complementaridade de formas, níveis, funções e responsabilidades"[6].

Por meio do cumprimento dos comuns deveres civis, "guiados pela consciência cristã"[7] e em conformidade com os valores com ela congruentes, os fiéis leigos desempenham também a função que lhes é própria de animar cristãmente a ordem temporal, no respeito da natureza e da legítima autonomia da mesma[8], e cooperando com os outros cidadãos, segundo a sua competência específica e sob a própria responsabilidade[9]. É conseqüência deste ensinamento fundamental do Concílio Vaticano II que "os fiéis leigos não podem de maneira nenhuma abdicar de participar na 'política', ou seja, na multíplice e variada ação econômica, social, legislativa, administrativa e cultural, des-

---

[6] JOÃO PAULO II, Exort. Apost. *Christifideles laici*, n. 42, *AAS* 81 (1989) 393-521. A presente *Nota doutrinal* refere-se obviamente ao empenho político dos fiéis leigos. Os Pastores têm o direito e o dever de propor os princípios morais também sobre a ordem social; "todavia, a participação ativa nos partidos políticos é reservada aos leigos" (João Paulo II, Exort. Apost. *Christifideles laici*, n. 60). Cf. também Congregação para o Clero, *Diretório para o ministério e a vida dos presbíteros*, 31 de março de 1994, n. 33.

[7] CONCÍLIO VATICANO II, Const. Past. *Gaudium et spes*, n. 76.

[8] Cf. Idem, Ibidem, n. 36.

[9] Cf. CONCÍLIO VATICANO II, Decr. *Apostolicam actuositatem*, n. 7; Const. Dogm. *Lumen gentium*, n. 36 e Const. Past. *Gaudium et spes*, nn. 31 e 43.

tinada a promover de forma orgânica e institucional o bem comum"¹⁰, que compreende a promoção e defesa de bens, como são a ordem pública e a paz, a liberdade e a igualdade, o respeito da vida humana e do ambiente, a justiça, a solidariedade etc.

A presente Nota não tem a pretensão de repropor o inteiro ensinamento da Igreja em matéria, aliás resumido, nas suas linhas essenciais, no *Catecismo da Igreja Católica*; entende apenas relembrar alguns princípios próprios da consciência cristã, que inspiram o empenho social e político dos católicos nas sociedades democráticas¹¹. Fá-lo, porque nestes últimos tempos, não raras vezes sob a pressão dos acontecimentos, apareceram orientações ambíguas e posições discutíveis, que tornam oportuna a clarificação de aspectos e dimensões importantes da temática em questão.

---

¹⁰ João Paulo II, Exort. Apost. *Christifideles laici*, n. 42.

¹¹ Nos últimos dois séculos, o Magistério pontifício várias vezes se ocupou das principais questões relativas à ordem social e política. Cf. Leão XIII, Carta Enc. *Diuturnum illud*, AAS 14 (1881/82) 4ss; Carta Enc. *Immortale Dei*, AAS 18 (1885/86) 162ss; Carta Enc. *Libertas praestantissimum*, AAS 20 (1887/88) 593ss; Carta Enc. *Rerum novarum*, AAS 23 (1890/91) 643ss; Bento XV, Carta Enc. *Pacem Dei munus pulcherrimum*, AAS 12 (1920) 209ss; Pio XI, Carta Enc. *Quadragesimo anno*, AAS 23 (1931) 190ss. Carta Enc. *Mit brennender Sorge*, AAS 29 (1937) 145-167; Carta Enc. *Divini Redemptoris*, AAS 29 (1937) 78ss; Pio XII, Carta Enc. *Summi Pontificatus*, AAS 31 (1939) 423ss; Rádiomensagens natalícias 1941-1944; João XXIII, Carta Enc. *Mater et magistra*, AAS 53 (1961) 401-464; Carta Enc. *Pacem in terris*, AAS 55 (1963) 257-304; Paulo VI, Carta Enc. *Populorum progressio*, AAS 59 (1967) 257-299; Carta Apost. *Octogesima adveniens*, AAS 63 (1971) 401-441.

II. Alguns pontos fulcrais no atual debate cultural e político

2. A sociedade civil encontra-se hoje dentro de um processo cultural complexo, que evidencia o fim de uma época e a incerteza relativamente à nova que desponta no horizonte. As grandes conquistas de que se é espectadores obrigam a rever o caminho positivo que a humanidade percorreu no progresso e na conquista de condições de vida mais humanas. O crescimento de responsabilidades para com os Países ainda em fase de desenvolvimento é certamente um sinal de grande relevância, que denota a crescente sensibilidade pelo bem comum. Ao mesmo tempo, porém, não se podem ignorar os graves perigos, para os quais certas tendências culturais tentam orientar as legislações e, por conseguinte, os comportamentos das futuras gerações.

Constata-se hoje um certo relativismo cultural, que apresenta sinais evidentes da sua presença, quando teoriza e defende um pluralismo ético que sanciona a decadência e a dissolução da razão e dos princípios da lei moral natural. Em conformidade com essa tendência, não é raro, infelizmente, encontrar, em declarações públicas, afirmações que defendem que esse pluralismo ético é condição para a democracia[12]. Assim, verifica-se que, por um lado, os cidadãos reivindicam para as próprias escolhas morais a mais completa autonomia e, por outro, os legisladores julgam respeitar essa liberdade de escolha, quando formulam leis que prescindem dos princípios da ética natural, deixando-se levar exclusivamente pela condescendência com certas orientações culturais ou morais transitórias[13], como se todas as concepções possíveis da vida tivessem o mesmo valor. Ao mesmo tempo, invocando erroneamente o valor da tolerância, pede-se a uma boa parte dos cidadãos – entre eles, aos católicos – que renunciem a contribuir para a vida social e política dos próprios Países segundo o conceito da pessoa e do bem comum que consideram humanamente verdadeiro e justo, a realizar através dos meios lícitos que o ordenamento jurídico democrático põe, de forma igual, à disposição de todos os membros da comunidade política. Basta a história do século XX

---

[12] Cf. JOÃO PAULO II, Carta Enc. *Centesimus annus*, n. 46, *AAS* 83 (1991) 793-867; Carta Enc. *Veritatis splendor*, n. 101, *AAS* 85 (1993) 1133-1228; Discurso ao Parlamento Italiano em sessão pública comum, n. 5, in: *L'Osservatore Romano*, 15 de novembro de 2002.

[13] Cf. JOÃO PAULO II, Carta Enc. *Evangelium vitae*, n. 22, *AAS* 87 (1995) 401-522.

para demonstrar que a razão está do lado daqueles cidadãos que consideram totalmente falsa a tese relativista, segundo a qual não existiria uma norma moral, radicada na própria natureza do ser humano e a cujo ditame deva submeter-se toda a concepção do homem, do bem comum e do Estado.

3. Uma tal concepção relativista do pluralismo nada tem a ver com a legítima liberdade dos cidadãos católicos de escolherem, entre as opiniões políticas compatíveis com a fé e a lei moral natural, a que, segundo o próprio critério, melhor se coaduna com as exigências do bem comum. A liberdade política não é nem pode ser fundada sobre a idéia relativista, segundo a qual, todas as concepções do bem do homem têm a mesma verdade e o mesmo valor, mas sobre o fato de que as atividades políticas visam, vez por vez, à realização extremamente concreta do verdadeiro bem humano e social, num contexto histórico, geográfico, econômico, tecnológico e cultural bem preciso. Do concreto da realização e da diversidade das circunstâncias brota necessariamente a pluralidade de orientações e de soluções, que porém devem ser moralmente aceitáveis. Não cabe à Igreja formular soluções concretas – e muito menos soluções únicas – para questões temporais, que Deus deixou ao juízo livre e responsável de cada um, embora seja seu direito e dever pronunciar juízos morais sobre realidades temporais,

quando a fé ou a lei moral o exijam[14]. Se o cristão é obrigado a "admitir a legítima multiplicidade e diversidade das opções temporais"[15], é igualmente chamado a discordar de uma concepção do pluralismo em chave de relativismo moral, nociva à própria vida democrática, que tem necessidade de bases verdadeiras e sólidas, ou seja, de princípios éticos que, por sua natureza e função de fundamento da vida social, não são "negociáveis".

No plano da militância política concreta, há que ter presente que o caráter contingente de algumas escolhas em matéria social, o fato de muitas vezes serem moralmente possíveis diversas estratégias para realizar ou garantir um mesmo valor substancial de fundo, a possibilidade de interpretar de maneira diferente alguns princípios basilares da teoria política, bem como a complexidade técnica de grande parte dos problemas políticos, explicam o fato de geralmente poder dar-se uma pluralidade de partidos, dentro dos quais os católicos podem escolher a sua militância para exercer – sobretudo por meio da representação parlamentar – o seu direito-dever na construção da vida civil do seu País[16]. Tal constatação óbvia não pode todavia con-

---

[14] Cf. CONCÍLIO VATICANO II, Const. Past. *Gaudium et spes*, n. 76.
[15] Idem, Ibidem, n. 75.
[16] Cf. Idem, Ibidem, nn. 43 e 75.

fundir-se com um indistinto pluralismo na escolha dos princípios morais e dos valores substanciais, a que se faz referência. A legítima pluralidade de opções temporais mantém íntegra a matriz donde promana o empenho dos católicos na política, e esta matriz liga-se diretamente à doutrina moral e social cristã. É com um tal ensinamento que os leigos católicos têm de confrontar-se constantemente para poder ter a certeza que a própria participação na vida política é pautada por uma coerente responsabilidade para com as realidades temporais.

A Igreja é consciente que, se por um lado, a via da democracia é a que melhor exprime a participação direta dos cidadãos nas escolhas políticas, por outro, isso só é possível na medida em que exista, na sua base, uma reta concepção da pessoa[17]. Sobre este princípio, o empenho dos católicos não pode descer a nenhum compromisso; caso contrário, viriam a faltar o testemunho da fé cristã no mundo e a unidade e coerência interiores dos próprios fiéis. A estrutura democrática, sobre que pretende construir-se um Estado moderno, seria um tanto frágil, se não tiver como seu fundamento a centralidade da pessoa. É, aliás, o respeito pela pessoa que torna possível a participação

---

[17] Cf. Idem, Ibidem, n. 25.

democrática. Como ensina o Concílio Vaticano II, a tutela "dos direitos da pessoa humana é condição necessária para que os cidadãos, individualmente ou em grupo, possam participar ativamente na vida e na gestão da coisa pública"[18].

4. É a partir daqui que se estende a complexa teia de problemáticas atuais, que não têm comparação com as dos séculos passados. O avanço da ciência, com efeito, permitiu atingir metas que abalam a consciência e obrigam a encontrar soluções capazes de respeitar, de forma coerente e sólida, os princípios éticos. Assiste-se, ao invés, a tentativas legislativas que, sem se preocuparem com as conseqüências das mesmas para a existência e o futuro dos povos na formação da cultura e dos comportamentos sociais, visam a quebrar a intangibilidade da vida humana. Os católicos, em tal emergência, têm o direito e o dever de intervir, apelando para o sentido mais profundo da vida e para a responsabilidade que todos têm perante a mesma. João Paulo II, na linha do perene ensinamento da Igreja, afirmou repetidas vezes que quantos se encontram diretamente empenhados nas esferas da representação legislativa têm a "clara obrigação de se opor" a qualquer lei que represente um atentado à vida humana.

---

[18] Idem, Ibidem, n. 73.

Para eles, como para todo o católico, vale a impossibilidade de participar em campanhas de opinião em favor de semelhantes leis, não sendo a ninguém consentido apoiá-las com o próprio voto[19]. Isso não impede, como ensinou João Paulo II na Carta Encíclica *Evangelium vitae* sobre a eventualidade de não ser possível evitar ou revogar totalmente uma lei abortista já em vigor ou posta em votação, que "um parlamentar, cuja pessoal oposição absoluta ao aborto seja clara e por todos conhecida, possa licitamente dar o próprio apoio a propostas tendentes a limitar os danos de uma tal lei e a diminuir os seus efeitos negativos no plano da cultura e da moralidade pública"[20]. Neste contexto, há que acrescentar que a consciência cristã bem formada não permite a ninguém favorecer, com o próprio voto, a atuação de um programa político ou de uma só lei, onde os conteúdos fundamentais da fé e da moral sejam subvertidos com a apresentação de propostas alternativas ou contrárias aos mesmos. Uma vez que a fé constitui como que uma unidade indivisível, não é lógico isolar um só dos seus conteúdos em prejuízo da totalidade da doutrina católica. Não basta o empenho político em favor de um aspecto

---

[19] João Paulo II, Carta Enc. *Evangelium vitae*, n. 73.
[20] Idem, Ibidem.

isolado da doutrina social da Igreja para esgotar a responsabilidade pelo bem comum. Nem um católico pode pensar em delegar a outros o empenho que, como cristão, lhe vem do Evangelho de Jesus Cristo, de anunciar e realizar a verdade sobre o homem e o mundo.

Quando a ação política se confronta com princípios morais que não admitem abdicações, exceções ou compromissos de qualquer espécie, é então que o empenho dos católicos se torna mais evidente e grávido de responsabilidade. Perante essas exigências éticas fundamentais e irrenunciáveis, os crentes têm, efetivamente, de saber que está em jogo a essência da ordem moral, que diz respeito ao bem integral da pessoa. É o caso das leis civis em matéria de aborto e de eutanásia (a não confundir com a renúncia ao excesso terapêutico, legítimo, mesmo sob o ponto de vista moral), que devem tutelar o direito primário à vida, desde o seu concebimento até o seu termo natural. Do mesmo modo, há que afirmar o dever de respeitar e proteger os direitos do embrião humano. Analogamente, devem ser salvaguardadas a tutela e promoção da família, fundada no matrimônio monogâmico entre pessoas de sexo diferente e protegida na sua unidade e estabilidade, perante as leis modernas em matéria de divórcio: não se pode, de maneira nenhuma, pôr juridicamente no mesmo plano da família outras formas de convivência, nem estas podem receber, como tais, um reconhecimento legal. Igualmente, a garantia da liberdade de educação, que os pais têm em relação aos próprios filhos, é um direito inalienável, aliás reconhecido nas Declarações internacionais dos direitos humanos. No mesmo plano, devem incluir-se a tutela social dos menores e a libertação das vítimas das modernas formas de escravidão (pense-se, por exemplo, na droga e na exploração da prostituição). Não podem ficar fora deste elenco o direito à liberdade religiosa e o progresso para uma economia que esteja ao serviço da pessoa e do bem comum, no respeito da justiça social, do princípio da solidariedade humana e do de subsidiariedade, segundo o qual "os direitos das pessoas, das famílias e dos grupos, e o seu exercício têm de ser reconhecidos"[21]. Como não incluir, enfim, nesta exemplificação, o grande tema da paz? Uma visão irênica e ideológica tende, por vezes, a secularizar o valor da paz; noutros casos, cede-se a um juízo ético sumário, esquecendo a complexidade das razões em questão. A paz é sempre "fruto da justiça e efeito da caridade"[22]; exige a recusa radical e absoluta da violência e do terrorismo e requer um empenho constante e vigilante da parte de quem está investido da responsabilidade política.

---

[21] CONCÍLIO VATICANO II, Const. Past. *Gaudium et spes*, n. 75.

[22] *Catecismo da Igreja Católica*, n. 2304.

III. Princípios da doutrina católica sobre laicidade e pluralismo

5. Se, perante tais problemáticas, é lícito pensar em utilizar uma pluralidade de metodologias que refletem sensibilidades e culturas diferentes, já não é consentido a nenhum fiel apelar para o princípio do pluralismo e da autonomia dos leigos em política, para favorecer soluções que comprometam ou atenuem a salvaguarda das exigências éticas fundamentais ao bem comum da sociedade. Por si, não se trata de "valores confessionais", uma vez que tais exigências éticas radicam-se no ser humano e pertencem à lei moral natural. Não exigem, da parte de quem as defende, a profissão de fé cristã, embora a doutrina da Igreja as confirme e tutele, sempre e em toda a parte, como um serviço desinteressado à verdade sobre o homem e ao bem comum das sociedades civis. Não se pode, por outro lado, negar que a política deve também regular-se por princípios que têm um valor absoluto próprio, precisamente por estarem ao serviço da dignidade da pessoa e do verdadeiro progresso humano.

6. O apelo que muitas vezes se faz à "laicidade" que deveria guiar a ação dos católicos, exige uma clarificação, não apenas de terminologia. A promoção segundo consciência do bem comum da sociedade política nada tem a ver com o "confessionalismo" ou

a intolerância religiosa. Para a doutrina moral católica, a laicidade entendida como autonomia da esfera civil e política da religiosa e eclesiástica – mas não da moral – é um valor adquirido e reconhecido pela Igreja, e faz parte do patrimônio de civilização já conseguido[23]. João Paulo II repetidas vezes alertou para os perigos que derivam de qualquer confusão entre esfera religiosa e esfera política. "São extremamente delicadas as situações, em que uma norma especificamente religiosa se torna, ou tende a tornar-se, lei do Estado, sem que se tenha na devida conta a distinção entre as competências da religião e as da sociedade política. Identificar a lei religiosa com a civil pode efetivamente sufocar a liberdade religiosa e até limitar ou negar outros direitos humanos inalienáveis"[24]. Todos os fiéis têm plena consciência de que os atos especificamente religiosos (profissão da fé, prática dos atos de culto e dos sacramentos, doutrinas teológicas, comunicação recíproca entre as autoridades religiosas e os fiéis etc.) permanecem fora das competências do Estado, que nem deve intrometer-se neles nem, de forma

---

[23] Concílio Vaticano II, Const. Past. *Gaudium et spes*, n. 76.
[24] João Paulo II, *Mensagem para a celebração do Dia Mundial da Paz de 1991*: "Se queres a paz, respeita a consciência de cada homem", IV, *AAS* 83 (1991) 410-421.

alguma, exigi-los ou impedi-los, a menos de fundadas exigências de ordem pública. O reconhecimento dos direitos civis e políticos e a realização de serviços públicos não podem estar condicionados a convicções ou prestações de natureza religiosa da parte dos cidadãos.

Completamente diferente é a questão do direito-dever dos cidadãos católicos, aliás como de todos os demais cidadãos, de procurar sinceramente a verdade e promover e defender com meios lícitos as verdades morais relativas à vida social, à justiça, à liberdade, ao respeito da vida e dos outros direitos da pessoa. O fato de algumas destas verdades serem também ensinadas pela Igreja não diminui a legitimidade civil e a "laicidade" do empenho dos que com elas se identificam, independentemente do papel que a busca racional e a confirmação ditada pela fé tenham tido no seu reconhecimento por parte de cada cidadão. A "laicidade", de fato, significa, em primeiro lugar, a atitude de quem respeita as verdades resultantes do conhecimento natural que se tem do homem que vive em sociedade, mesmo que essas verdades sejam contemporaneamente ensinadas por uma religião específica, pois a verdade é uma só. Seria um erro confundir a justa autonomia, que os católicos devem assumir em política, com a reivindicação de um princípio que prescinde do ensinamento moral e social da Igreja.

Intervindo nesta matéria, o Magistério da Igreja não pretende exercer um poder político nem eliminar a liberdade de opinião dos católicos em questões contingentes. Entende, ao invés – como é sua função própria – instruir e iluminar a consciência dos fiéis, sobretudo dos que se dedicam a uma participação na vida política, para que o seu operar esteja sempre ao serviço da promoção integral da pessoa e do bem comum. O ensinamento social da Igreja não é uma intromissão no governo de cada País. Não há dúvida, porém, que põe um dever moral de coerência aos fiéis leigos, no interior da sua consciência, que é única e unitária. "Não pode haver, na sua vida, dois caminhos paralelos: de um lado, a chamada vida 'espiritual', com os seus valores e exigências, e, do outro, a chamada vida 'secular', ou seja, a vida de família, de trabalho, das relações sociais, do empenho político e da cultura. O ramo, enxertado na videira, que é Cristo, leva a sua linfa a todo o setor da atividade e da existência. Pois todos os variados campos da vida laical fazem parte do plano de Deus, que quer que eles sejam como que o 'lugar histórico' onde se revela e se realiza o amor de Jesus Cristo para glória do Pai e serviço aos irmãos. Qualquer atividade, qualquer situação, qualquer empenho concreto – quais, por exemplo, a competência e a solidariedade no trabalho, o amor e a dedicação à família e à educação dos filhos, o serviço social e político, a proposta da verdade no âmbito da cultura – são ocasiões providenciais para um 'constante exercício da fé, da esperança e da caridade'"[25]. Viver e agir politicamente em conformidade com a própria consciência não significa acomodar-se passivamente em posições estranhas ao empenho político ou numa espécie de confessionalismo; é, ao invés, a expressão com que os cristãos dão o seu coerente contributo para que, por meio da política, se instaure um ordenamento social mais justo e coerente com a dignidade da pessoa humana.

Nas sociedades democráticas todas as propostas são discutidas e avaliadas livremente. Aquele que, em nome do respeito da consciência individual, visse no dever moral dos cristãos de ser coerentes com a própria consciência um sinal para desqualificá-los politicamente, negando a sua legitimidade de agir em política de acordo com as próprias convicções relativas ao bem comum, cairia numa espécie de intolerante laicismo. Com tal perspectiva pretende-se negar não só qualquer relevância política e cultural da fé cristã, mas até a própria possibilidade de uma ética natural. Se assim fosse, abrir-se-ia caminho a uma anarquia moral, que nada e nunca teria a ver com qualquer for-

---

[25] JOÃO PAULO II, Exort. Apost. *Christifideles laici*, n. 59. A citação interna é do Concílio Vaticano II, Decr. *Apostolicam actuositatem*, n. 4.

ma de legítimo pluralismo. A prepotência do mais forte sobre o fraco seria a conseqüência lógica de uma tal impostação. Aliás, a marginalização do Cristianismo não poderia ajudar o projeto de uma sociedade futura e a concórdia entre os povos; seria, pelo contrário, uma ameaça para os próprios fundamentos espirituais e culturais da civilização[26].

IV. CONSIDERAÇÕES SOBRE ASPECTOS PARTICULARES

7. Aconteceu, em circunstâncias recentes, que também dentro de algumas associações ou organizações de inspiração católica, surgiram orientações em defesa de forças e movimentos políticos que, em questões éticas fundamentais, exprimiram posições contrárias ao ensinamento moral e social da Igreja. Tais escolhas e alinhamentos, estando em contradição com princípios basilares da consciência cristã, não são compatíveis com a pertença a associações ou organizações que se definem católicas. Verificou-se, igualmente, que certas revistas e jornais católicos em determinados países, por ocasião de opções políticas, orientaram os

---

[26] JOÃO PAULO II, Discurso ao Corpo Diplomático acreditado junto da Santa Sé, in: *L'Osservatore Romano*, 11 de janeiro de 2002.

eleitores de modo ambíguo e incoerente, criando equívocos sobre o sentido da autonomia dos católicos em política, e não tendo em conta os princípios acima referidos.

A fé em Jesus Cristo, que se definiu a si mesmo "o caminho, a verdade e a vida" (Jo 14,6), exige dos cristãos o esforço de se empenharem mais decididamente na construção de uma cultura que, inspirada no Evangelho, reproponha o patrimônio de valores e conteúdos da Tradição católica. A necessidade de apresentar em termos culturais modernos o fruto da herança espiritual, intelectual e moral do catolicismo torna-se extremamente urgente e inadiável, até para se evitar o risco de uma diáspora cultural dos católicos. Por outro lado, a espessura cultural alcançada e a madura experiência de empenho político que os católicos, em diversos países, souberam exprimir, sobretudo nas décadas a seguir à segunda guerra mundial, não permite pô-los em nenhum complexo de inferioridade relativamente a outras propostas que a história recente mostrou serem fracas ou radicalmente falimentares. É insuficiente e redutivo pensar que o empenho social dos católicos possa limitar-se a uma simples transformação das estruturas, porque, não existindo na sua base uma cultura capaz de acolher, justificar e projetar as instâncias que derivam da fé e da moral, as transformações apoiar-se-iam sempre em alicerces frágeis.

A fé nunca pretendeu manietar num esquema rígido os conteúdos sociopolíticos, bem sabendo que a dimensão histórica, em que o homem vive, impõe que se admita a existência de situações não perfeitas e, em muitos casos, em rápida mudança. Neste âmbito, há que recusar as posições políticas e os comportamentos que se inspiram numa visão utópica que, ao transformar a tradição da fé bíblica numa espécie de profetismo sem Deus, instrumentaliza a mensagem religiosa, orientando a consciência para uma esperança unicamente terrena que anula ou redimensiona a tensão cristã para a vida eterna.

Ao mesmo tempo, a Igreja ensina que não existe autêntica liberdade sem a verdade. "Verdade e liberdade ou se conjugam juntas ou miseramente juntas desaparecem", escreveu João Paulo II[27]. Numa sociedade em que a verdade não for prospectada e não se procurar alcançá-la, resultará também enfraquecida toda a forma de exercício autêntico de liberdade, abrindo-se o caminho a um libertinismo e individualismo, prejudiciais à tutela do bem da pessoa e da inteira sociedade.

---

[27] João Paulo II, Carta Enc. *Fides et ratio*, n. 90, *AAS* 91 (1999), nn. 5-88.

8. A tal propósito, convém recordar uma verdade que hoje nem sempre é bem entendida ou formulada com exatidão na opinião pública corrente; a de que o direito à liberdade de consciência e, de modo especial, à liberdade religiosa, proclamado pela Declaração *Dignitatis humanae* do Concílio Vaticano II, está fundado sobre a dignidade ontológica da pessoa humana e, de maneira nenhuma, sobre uma inexistente igualdade entre as religiões e os sistemas culturais humanos[28]. Nesta linha, o Papa Paulo VI afirmou que "o Concílio, de modo nenhum, funda um tal direito à liberdade religiosa sobre o fato de que todas as religiões e todas as doutrinas, mesmo errôneas, tenham um valor mais ou menos igual; funda-o, ao invés, sobre a dignidade da pessoa humana, que exige que não se a submeta a constrições exteriores, tendentes a coactar a consciência na procura da verdadeira

---

[28] Cf. Concílio Vaticano II, Decl. *Dignitatis humanae*, n. 1: "O Sagrado Concílio professa, em primeiro lugar, que o próprio Deus manifestou ao gênero humano o caminho por que os homens, servindo-o, podem ser salvos e tornar-se felizes em Cristo. Acreditamos que esta única verdadeira religião se verifica na Igreja Católica". Isto não impede que a Igreja nutra um sincero respeito pelas várias tradições religiosas; pelo contrário, considera que nelas estão presentes "elementos de verdade e bondade". Cf. Concílio Vaticano II, Const. Dogm. *Lumen gentium*, n. 16; Decr. *Ad gentes*, n. 11; Decl. *Nostra aetate*, n. 2; João Paulo II, Carta Enc. *Redemptoris missio*, n. 55, *AAS* 83 (1991) 249-340; Congregação para a Doutrina da Fé, Decl. *Dominus Iesus*, nn. 2. 8. 21, *AAS* 92 (2000) 742-765.

religião e na adesão à mesma"²⁹. A afirmação da liberdade de consciência e da liberdade religiosa não está, portanto, de modo nenhum em contradição com a condenação que a doutrina católica faz do indiferentismo e do relativismo religioso³⁰; pelo contrário, é plenamente coerente com ela.

V. CONCLUSÃO

9. As orientações contidas na presente Nota entendem iluminar um dos mais importantes aspectos da unidade de vida do cristão: a coerência entre a fé e a vida, entre o Evangelho e a cultura, recomendada pelo Concílio Vaticano II. Este exorta os fiéis "a cumprirem fielmente os seus deveres temporais, deixando-se conduzir pelo espírito do Evangelho. Afastam-se da verdade aqueles que, pretextando que não temos aqui cidade permanente, pois demandamos a futura, crêem poder, por isso mesmo, descurar as suas tarefas temporais, sem se darem conta de que a própria fé, de

---

[29] PAULO VI, Discurso ao Sacro Colégio e aos Prelados Romanos, in: *Insegnamenti di Paolo VI*, 14 (1976) 1088-1089.

[30] Cf. PIO IX, Carta Enc. *Quanta cura*, AAS 3 (1867) 162; LEÃO XIII, Carta Enc. *Immortale Dei*, AAS 18 (1885) 170-171; PIO XI, Carta Enc. *Quas primas*, AAS 17 (1925) 604-605; *Catecismo da Igreja Católica*, n. 2108; CONGREGAÇÃO PARA A DOUTRINA DA FÉ, Decl. *Dominus Iesus*, n. 22.

acordo com a vocação de cada um, os obriga a um mais perfeito cumprimento delas". Queiram os fiéis "poder exercer as suas atividades terrenas, unindo numa síntese vital todos os esforços humanos, familiares, profissionais, científicos e técnicos, com os valores religiosos, sob cuja altíssima hierarquia tudo coopera para a glória de Deus" [31].

O Sumo Pontífice João Paulo II na audiência de 21 de novembro de 2002 aprovou a presente Nota, decidida na Sessão Ordinária desta Congregação, e mandou que fosse publicada.

Roma, sede da Congregação para a Doutrina da Fé, 24 de novembro de 2002, Solenidade de N. S. Jesus Cristo Rei do Universo.

† Joseph Card. Ratzinger
Prefeito
† Tarcísio Bertone, sdb
Arcebispo emérito de Vercelli
Secretário

---

[31] Concílio Vaticano II, Const. Past. *Gaudium et spes*, n. 43; cf. também João Paulo II, Exort. Apost. *Christifideles laici*, n. 59.

Sumário

I. Um ensinamento constante 5

II. Alguns pontos fulcrais no atual debate
cultural e político 9

III. Princípios da doutrina católica sobre
laicidade e pluralismo 18

IV. Considerações sobre aspectos particulares 23

V. Conclusão 27

Impresso na gráfica da
Pia Sociedade Filhas de São Paulo
Via Raposo Tavares, km 19,145
05577-300 - São Paulo, SP - Brasil - 2005